GIAMPIERO SERRA

FACILITY MANAGEMENT CONDOMINIALE

Come Risparmiare E Ottimizzare Le Spese Condominiali In Collaborazione Con L'Amministratore Vivendo In Un Condominio Eco-Sostenibile

Titolo

"FACILITY MANAGEMENT CONDOMINIALE"

Autore

Giampiero Serra

Editore

Bruno Editore

Sito internet

http://www.brunoeditore.it

Sommario

Prefazione
A cura di Alfio Bardolla

Questo testo raccoglie alcuni spunti in materia di Facility Management da applicarsi nel vastissimo mondo dei condomini, inseguendo l'obiettivo di far collaborare sempre più le svariate professionalità che gravitano nel modo condominiale.

Giampiero, con questo testo, intende offrire uno strumento capace di rispondere a diversi obiettivi: raccogliere, analizzare e approfondire alcuni spunti teorici, di notevole impatto accademico e, contemporaneamente, di maggiore profondità culturale; in secondo luogo, quello di fornire uno strumento che risponda alle esigenze di professionalizzazione degli operatori di questo settore.

L'idea chiave di questo libro è quella di portare il Facility Management al di fuori dei suoi confini "tradizionali", rappresentati spesso da una visione meramente tecnica e gestionale dei servizi. L'obiettivo è creare professionisti super preparati e ultra-flessibili, in grado di affrontare e vincere le molteplici sfide che un settore così complesso comporta.

Bisogna osservare che il Facility Management ha rappresentato negli ultimi decenni un importante strumento di semplificazione e razionalizzazione nella vita delle aziende pubbliche e private. Da qui anche, però, l'esigenza di fornire una preparazione a 360° ai manager di questo settore, che unisca l'aspetto puramente gestionale a quello strategico, analitico e sociale.

La crisi economica, le crescenti necessità ambientali ed energetiche, le innovazioni tecnologiche, le nuove frontiere della globalizzazione e dello sviluppo, le variazioni della forza lavoro sono tutti elementi che inevitabilmente trasformano anche la tipologia di gestione del condominio utilizzata sino ad ora. Come investitore immobiliare condivido pienamente una gestione mirata al risparmio, migliorando, nel contempo, i servizi alle persone e usufruendo di innovazioni tecnologiche mirate.

Prefazione Di Robert G. Allen

Giampiero, con questo Suo intervento, intende far capire che è possibile spendere in modo intelligente e tagliare gli sprechi, con una semplice visione più ampia e a lungo termine.

Giampiero with this intervention intends to make it clear that it is possible to spend intelligently and cut waste, with a simple broader and long-term vision.

Introduzione

Per soddisfare le esigenze condominiali, contenere le spese di gestione e aumentare l'efficienza, per adattarsi rapidamente ai cambiamenti del mondo in un'ottica di sostenibilità ambientale, oggi, con questo piccolo strumento, si presenta una nuova occasione, non solo per rilanciare i temi dell'efficienza, del clima e dell'inquinamento dell'aria, e per sottolineare il ruolo che amministratori, costruttori, progettisti e cittadini nel ripensare a soluzioni sempre più sostenibili sia per gli edifici nuovi ed esistenti, ma anche per rendere le famiglie protagoniste del cambiamento.

Sono oltre un milione e duecentomila gli edifici condominiali in Italia dove si stima vivano almeno 15 milioni di famiglie, circa l'80% di questi realizzati prima delle normative su efficienza, ed a queste problematiche si aggiungono quelle di tipo sociale: come la perdita del senso di comunità e del patrimonio relazionale, l'aumento di conflitti, scetticismo verso investimenti e progetti comuni, poca cura e attenzione per le parti comuni, problematiche economiche con aumento di decreti ingiuntivi legati alla mancanza di liquidità e morosità.

L'esperimento che vorrei si ripetesse ai giorni nostri è vicino a quello che si viveva nei palazzi e nei quartieri del secolo scorso, nei quali l'aiuto reciproco nella vita quotidiana e la spontanea solidarietà e rispetto tra vicini costituivano solide basi del vivere.

Scoprire di avere vicini che sanno fare cose che possono esserti utili e viceversa, per poter scambiare le reciproche competenze. Offrire alla propria famiglia un contesto amicale e sicuro e per consentire ai nostri genitori ed ai nonni di ovviare alla diffusa solitudine, per garantire a tutti una miglior qualità della vita.

Il famoso detto «l'unione fa la forza» vale non soltanto nel quotidiano e nel linguaggio comune ma ancora di più dal punto di vista lavorativo. Condividendo le proprie risorse e confrontandosi si ottiene il chiaro vantaggio di procedere con strategie comuni e di ottenere vantaggi che erano gravosi da raggiungere da soli, o magari di ottenerli prima rispetto a quanto previsto, o ancora condizioni migliori.

L'obiettivo da raggiungere si realizza tramite la pianificazione strategica e la gestione operativa dei condomini, degli impianti e dei servizi necessari a supportare l'attività condominiale. Pertanto, una squadra composta dal Condomino (diretto interessato), dall'Amministratore (garante dei processi), dall'Associazione di categoria (Responsabili della formazione dell'Amministratore) e da un esperto in Facility Management (garante dei servizi resi) può ottenere sicuramente una collaborazione con un obiettivo comune e condiviso fra le parti.

Vorrei raccontarvi la mia storia personale che meglio può far comprendere quali motivazioni mi spingono ad offrire le mie competenze professionali.

Nasco a Oristano nel 1966 da una famiglia modesta, mia mamma lavorava come custode in un condominio a Milano – Piazzale Loreto, e il mio papà era un muratore. Gli obiettivi per i propri figli erano gli stessi di migliaia di famiglie, studiare, trovare un lavoro e vivere una vita senza troppi problemi in un mondo che per mia madre e mio padre aveva non più di 50 km di raggio.

Ma già da quando andavo a scuola dentro di me cresceva una voglia di ottenere qualcosa che non avevo ancora ben chiaro e definito. La mia scelta di studiare da geometra, oltre che ad una spinta paterna inconscia, era motivata dal fatto che la mia futura attività dipendesse solo dal mio operato e tutto il ciclo lavorativo fosse il frutto del mio lavoro. Nella mia convinzione di allora pensavo che io potessi immaginare un edificio, progettarlo, costruirlo, venderlo e gestirlo in modo di dare un senso compiuto alla mia professione.

Già quando ero studente cercavo dei piccoli lavori di progettazione da amici, parenti, conoscenti, ed un architetto che abitava nel mio condominio, controllava e avallava i miei piccoli progetti, firmandoli e rendendoli esecutivi, il tutto senza pretendere nulla ma solo per premiare la mia iniziativa.

Già da allora il condominio dove abitavo per me era un piccolo mondo dove potevo confrontarmi con diverse persone ed esperienze di vissuto grazie alla mia posizione "privilegiata" e di "rilievo" essendo il figlio della custode, tutti seguivano i miei progressi di studio, quasi fosse anche una loro responsabilità, tanto e vero che una signora mi prestava lo studio che aveva a casa per farmi studiare tranquillamente nel periodo degli esami.

Una volta diplomato riuscii a fare un colloquio in una Società Assicurativa a livello Nazionale per un posto nell'ufficio Tecnico Immobiliare (allora le assicurazioni avevano l'obbligo di avere a garanzia dei loro prodotti assicurativi beni immobili), grazie ad un altro condomino che vedendomi crescere aveva apprezzato la mia buona volontà e serietà.

Il mio lavoro di Responsabile Tecnico era quello di provvedere alla manutenzione degli immobili di proprietà ad uso residenziale, dove mi confrontavo giornalmente con problemi di tipo manutentivo sia sulle parti comuni che all'interno degli appartamenti (per chi conosce Milano parlo del quartiere la Maggiolina, detto dei giornalisti, e il Quartiere Airolo). Erano circa una cinquantina di immobili, e credo di essermi confrontato con circa 1.250 famiglie, e nella mia crescita professionale ho ascoltando e condiviso le storie di vissuto degli inquilini (potrei scrivere un altro libro con le testimonianze che ho ascoltato).

Già da allora cercavo di trovare soluzioni a tutti i problemi che mi venivano confidati a livello personale dagli inquilini, anche forse per un'affinità di tessuto sociale. Problemi più svariati come la difficoltà a pagare l'affitto – difficoltà nella gestione giornaliera dei figli – difficoltà nella gestione dei genitori anziani – difficoltà nell'andare a fare la spesa – difficoltà nel trovare lavoro – paura di tornare a casa la sera e trovare qualche malintenzionato, etc.

Oltre ai problemi manutentivi veri e propri degli immobili, che però già allora venivano gestiti in modo superficiale, concentrandosi solo sulle attività di carattere straordinario, in quanto impattavano con la reddittività dell'immobile, mentre per le attività ordinarie e le spese di gestione non era un problema perché venivano tranquillamente ribaltate agli inquilini, il che comportava affitti alti e sprechi energetici e la materia sicurezza non era neanche oggetto di discussione.

Dopo questa prima esperienza il patrimonio che gestivo fu acquistato dalla prima Società di Facility Management in Italia e da allora ho lavorato per Società e Clienti internazionali, dove però l'obiettivo è divenuto sempre più economico e strumentale e nulla sul sociale.

Questa situazione mi stava sempre più stretta e la vocina che mi sussurrava che potevo continuare la mia attività e la mia professione anche in maniera indipendente si faceva sempre più forte, in modo tale che avrei potuto lavorare per contribuire nel mio piccolo ad una società migliore, cercando di ottimizzare la mia vita e quella degli altri.

Grazie alla determinazione di mia moglie Rosa Peruggini che mi ha assecondato, ho detto basta al posto fisso e da diversi anni stiamo lavorando in tal senso portando avanti questo progetto, anche lei come me ha conseguito l'attestato da Amministratore Condominiale ed ha collaborato in primarie Società Internazionali come Responsabile Property Management, ovvero il complesso delle attività economiche-gestionali ed amministrative finalizzate al presidio e all'ottimizzazione della redditività di un patrimonio immobiliare

Anche se non sono mai diventato un Amministratore condominiale, già dal 1998 frequentai il corso da Amministratore acquisendo l'attestato, per cercare di comprendere e avere una visione anche da questo punto di vista, ed oggi posso dire che la mia formazione è completa, perché ho vissuto quella da condomino, ho studiato e approfondito quella da Amministratore Condominiale e ho costruito un'esperienza più che trentennale sul Facility Management.

A tutti coloro che condividono questa mia riflessione desidero dedicare questo piccolo strumento sperando possa aiutarci a lavorare in questa direzione.

Capitolo 1:
Come pianificare il futuro

Gestione del Condominio

La gestione del patrimonio immobiliare, dal singolo appartamento al condominio ed ai super condomini, è oggetto di completa rivisitazione culturale e concettuale. Non vi è dubbio che sono infatti aumentate le esigenze ed i bisogni della collettività e della proprietà in genere; si tende sempre più a migliorare la qualità della vita, a vivere nel modo più comodo ed efficiente possibile, a tollerare sempre meno guasti anche di modeste dimensioni e limitati effetti.

La città ha bisogno di crescere e quindi di modificarsi. La città ha bisogno del costante e veloce movimento degli esseri umani, delle merci e delle informazioni. Ma al tempo stesso per essere un habitat adeguato ha la necessità di avere spazi tranquilli e consoni alla residenza umana e in generale allo sviluppo dei rapporti sociali e quindi anche dei rapporti di lavoro.

Il futuro premierà i "sistemi" più dinamici, quelli che sapranno coniugare in modo ottimale la salvaguardia del proprio territorio ambiente con le ipotesi di sviluppo. Fornire una definizione univoca del concetto "gestione del condominio" non è semplice, in quanto essa, pur trattandosi di problemi esistenti da sempre, è una materia nuova, molto articolata e complessa che tratta di aspetti economici, finanziari, architettonici, ingegneristici, giurisprudenziali.

Ecco, allora, che vanno individuate nuove e diverse modalità di strategia gestionale. Tra gli strumenti, ormai di uso diffuso per ottenere il risultato proposto, quelli ritenuti maggiormente innovativi possono considerarsi il coinvolgimento di un partner esperto e l'innovazione tecnologica.

L'Amministratore Condominiale quale referente dei Condomini dovrà basare la propria attività su una pianificazione strategica, ovvero sulla progettazione di un piano di sviluppo del patrimonio immobiliare nel quale vengono stabiliti gli interventi operativi in base a priorità di ordine economico, finanziario e in accordo agli obiettivi dei condomini e delle limitazioni finanziarie.

I suoi compiti riguardano anche il controllo delle attività operative e dei programmi di investimento, ovvero le attività legate alla revisione e approvazione dei budget annuali, i sopralluoghi agli edifici, il controllo sulle variazioni delle attività operative, etc.

La presenza di un gestore partner esperto presuppone una modalità strategica di gestione del tutto nuova. L'attività di gestione integrata del patrimonio immobiliare che, sempre utilizzando vocaboli anglosassoni, si può impropriamente tradurre Global Service, presuppone infatti unità di intenti tra proprietà e gestore.

Al fine di ciò, nel rispetto dei ruoli che sono e devono essere diversi, ambedue i soggetti, firmatari di un contratto di appalto, ottengono come risultato l'espressione di un indice di gradimento elevato da parte del Condominio, nel rispetto dei vincoli di carattere economico e sociale. Ogni risultato, in ogni caso dovrà essere riesaminato nel tempo, secondo i principi di miglioramento insiti in quei processi di qualità con i quali abbiamo ormai imparato a convivere.

In tale ottica, appare fondamentale la collaborazione del partner e del condomino (Amministratore in nome e per conto dei condòmini) nello sviluppo delle attività gestionali e programmatiche che sono quindi ideate, progettate, pianificate, realizzate, collaudate e sottoposte ad attento monitoraggio finale, e, quindi, controllate sulla base di parametri di valutazione che hanno lo scopo di soddisfare il condomino.

Definizione di strategia

Il piano di gestione di un condominio si può concretizzare e definire come documento con lo scopo di mantenere il condominio nella corretta efficienza e funzionalità secondo le sue esigenze. Dunque, il piano di gestione dovrà comprendere tutti gli interventi di natura tecnico-funzionale ed ispettiva al fine di ottenere la più corretta pianificazione e programmazione, nonché il controllo tecnico ed economico di tutte le attività da effettuare secondo gli scopi che il condominio avrà individuato.

Pianificazione degli interventi di gestione

Al fine di raggiungere gli obiettivi, individuati dalla strategia immobiliare stabilita dal condominio, e i risultati di efficienza sempre maggiori è necessario utilizzare lo strumento della pianificazione degli interventi di gestione. Essa si basa in genere su dati statistici, ricavati dall'andamento degli eventi ciclicamente già verificatesi o dalle prospettive di funzionalità ideate dal costruttore.

La determinazione dei tempi teorici, sia relativi alla durata delle prestazioni sia intercorrenti tra gli interventi gestionali (cicli), consente l'elaborazione di un cronoprogramma dei presumibili lavori o servizi da effettuare, che conduce al piano di gestione programmata. La teoria di corretta gestione della manutenzione oggi non è sempre applicabile in virtù di una carenza o frammentazione di informazioni sui comportamenti dei componenti edilizi e dei loro sistemi costruttivi.

Il concetto di guasto

Ogni componente, elemento, impianto è sottoposto a sollecitazioni di vario tipo, sia interne che esterne, quali quelle atmosferiche, climatiche, termiche, meccaniche (urti, vibrazioni) elettriche, chimiche, corrosive, etc. Esso ha una capacità intrinseca di resistenza alle sollecitazioni, quando questa viene oltrepassata si verifica un guasto che può essere riparabile o irreparabile.

Il Degrado

Il degrado di un condominio è la progressiva perdita di funzionalità di alcune sue caratteristiche. Esso aumenta con l'aumentare del numero dei guasti nel tempo ed è legato:

- Alla tipologia costruttiva iniziale
- Alla mancata o non corretta manutenzione
- All'obsolescenza

Per ritardare il degrado sono quindi necessari corretti interventi manutentivi, frequenti e mirati, così da evitare guasti eccessivi che potrebbero accelerare perdite di funzionalità dell'immobile, innalzando certamente la vita media del condominio. Una corretta manutenzione dell'immobile pertanto può mantenere inalterato il valore dell'unità immobiliare o aumentarne il valore nel tempo.

Campi d'applicazione

Il servizio di supporto alle attività primarie di un'organizzazione vengono definiti servizi di facility. Utilizzando le indicazioni contenute nell'appendice B UNI 15221-1:2007 e accorpando le tipologie si possono distinguere, a titolo esemplificativo, i seguenti servizi di facility management:

Servizi all'edificio – infrastruttura:

- Manutenzione ordinaria e straordinaria edile

- Manutenzione ordinaria e straordinaria impianti

- Conduzione e manutenzione Servizi di energia (gestione calore e impianti di riscaldamento e raffrescamento)

- Progettazione e costruzione interventi di riqualificazione

Servizi allo spazio e all'ambiente:

- Aree comuni (arredi, macchinari, apparecchiature, segnaletica, decorazioni, etc.)

- Pulizia e igiene ambientale (servizi igienici, pulizia interna, pulizia e manutenzione aree verdi e griglie, raccolta rifiuti ordinari e smaltimento rifiuti speciali, derattizzazione e disinfestazione, etc.)

Servizi alle persone:

- Salute e sicurezza (salute professionale, controllo accessi, reception, portierato fiduciario, vigilanza e sicurezza, protezione antincendio, etc.)

Servizi generali:

- Tecnologia dell'informazione e comunicazione (gestione rete e dati e telefonia, server, computer, telefonia fissa e mobile, etc.)
- Ristrutturazioni appartamenti con scontistiche privilegiate
- Gestione spazi comuni, posta, gestione e archiviazione documenti, parcheggi, gestione auto condominiali, etc.

Servizi all'organizzazione (servizi, coordinati ed integrati, che esulano dall'esecuzione in senso stretto degli interventi):

- Creazione e gestione anagrafica tecnica-patrimoniale (gestione documentale, attività tecniche relative a licenze, autorizzazioni, permessi, rapporti con Enti, messa a norma)
- Rilievo e censimento (monitoraggio immobili)
- Gestione sistema informativo-informatico
- Gestione richieste (call-center o centrale operativa- ricezione richieste e coordinamento interventi manutentivi)
- Gestione processo manutentivo e attività (preventivazione e progettazione e programmazione degli interventi manutentivi)
- Gestione utenze (illuminazione, elettricità, acqua, gas, etc.)
- Gestione delle proprietà immobiliari

RIEPILOGO DEL CAPITOLO 1:

- SEGRETO n. 1: È importante essere parte attiva nella gestione della propria unità immobiliare e delle parti condominiali.

- SEGRETO n. 2: Un corretto piano di manutenzione ci mette a riparo di spese impreviste e talvolta non gestibili in tempi brevi, compromettendo la nostra tranquillità ed il nostro investimento.

- SEGRETO n. 3: Fare economia è metà della battaglia della vita. Non è così difficile guadagnare del denaro quanto spenderlo bene.

Capitolo 2:
Quali mezzi puoi utilizzare

Il concetto di due diligence

Il termine *due diligence*, di origine anglosassone, è l'abbreviazione di *due diligence review* e potrebbe essere tradotto come "diligenza dovuta" da un professionista, che svolge un incarico professionale affidatogli dal cliente.

Il termine *due diligence* ha perso il suo significato letterale così da venire usato ogni qual volta si renda necessario un intervento da parte di un team di consulenti per effettuare le procedure atte ad analizzare lo stato generale di un immobile.

L'importanza della due diligence

Per meglio spiegare il processo di *due diligence* e il suo significato potremmo fare un'analogia con il mondo della medicina moderna: dopo una prima fase (analisi documentale, interviste ed incontri con il personale competente, sopralluogo all'immobile), assimilabile a visite ed esami medici, viene emessa una diagnosi puntuale e motivata (in grado di definire un livello di conformità). Il passo successivo è l'individuazione di una prognosi e una terapia finalizzata al recupero totale del paziente, tramite la determinazione delle procedure per l'ottenimento dell'adeguamento e la quantificazione dei costi necessari.

La finalità della due diligence
Scopo dell'indagine è di stabilire, attraverso l'analisi strutturale, tecnico-impiantistico, ambientale e di sicurezza e igiene del lavoro la conformità degli immobili.

Nel caso in cui si riscontrino situazioni di immobili non conformi alla normativa, vengono determinati i costi del ripristino alla situazione originaria o quello dell'adeguamento al rispetto della normativa.

Nel caso in cui la situazione non sia definibile, per mancanza di documentazione, è necessario effettuare approfondimenti d'indagine presso gli uffici preposti.

Il sopralluogo

Nella *due diligence* il sopralluogo è un momento fondamentale per il processo di analisi dell'immobile. Con l'esame visivo, infatti, è possibile esprimere un giudizio sulla consistenza dello stato di fatto, verificare quanto analizzato nella documentazione e riscontrare il rispetto delle normative. Il risultato finale della *due diligence* può, così, essere espresso in maniera oggettiva e completa.

Analisi strutturale

L'aspetto strutturale e il monitoraggio relativo rivestono un ruolo essenziale per l'immobile. Una lesione eventualmente trascurata o non considerata per la sua natura può compromettere la statica e la sicurezza dell'immobile. L'analisi strutturale è condotta integrando la verifica dei documenti obbligatori e necessari con un'accurata indagine "sul campo", individuando le eventuali lesioni.

Analisi impianti tecnici

Gli impianti fissi sono parte integrante e necessaria di ciascun immobile, le soluzioni installate sono dettate dalle esigenze d'uso degli edifici e dalla qualità tecnica. Un impianto di ottimo livello tecnico e funzionale può incrementare il valore di mercato dell'immobile.

Per impianti fissi si intende:
- Impianto elettrico
- Impianto di condizionamento
- Impianti meccanici

Più in dettaglio per l'impianto elettrico si considera dal punto di consegna al punto di utilizzo passando dai quadri elettrici, dai punti luce, dai punti di forza motrice, dall'illuminazione di sicurezza, dagli impianti di protezione (messa a terra e protezione contro le scariche atmosferiche), gli impianti di servizi: TV, citofonico, videocitofono, allarme, sicurezza, cablaggio, etc.

Nell'impianto di condizionamento la suddivisione è più semplice. Si considera, infatti, impianto termico e impianto di raffrescamento, dalla caldaia e dalla macchina di condizionamento ai corpi scaldanti. Negli impianti meccanici si include tutto ciò che è installato per il sollevamento: ascensori montacarichi, servoscala per disabili, etc. Gli impianti fissi rappresentano, una voce rilevante sia sul costo per la loro sostituzione sia per la manutenzione o adeguamento.

La verifica degli impianti fissi in sede di *due diligence* viene svolta attraverso l'analisi documentale di progetti e certificazioni, seguita da un approfondito esame dello stato di fatto, con i seguenti obiettivi:

- rispetto della normativa
- corretto dimensionamento degli impianti rispetto all'utilizzo
- stato manutentivo generale

In assenza o in carenza di documentazione il problema si risolve o con il recupero delle certificazioni presso la ditta installatrice o con la verifica di collaudo da parte di tecnico abilitato. L'individuazione della irregolarità è importante oltre che per il rispetto della normativa anche per il rendimento dell'impianto stesso e per la sicurezza delle persone che lo utilizzano.

Analisi della sicurezza e igiene sul lavoro
Obiettivo di questa fase è la verifica della corretta attuazione delle misure inerenti la sicurezza e l'igiene del lavoro sull'immobile in

generale, per le parti comuni, e per le attività collegate all'utilizzo dello stabile.

La verifica viene svolta principalmente attraverso:
- il certificato di prevenzione incendi per le attività presenti nello stabile secondo il D.M. 16 febbraio 1982;
- l'analisi della valutazione del rischio per le attività presenti;
- i rilievi della messa a terra dell'immobile e della protezione delle scariche atmosferiche.

Si pensi a quali gravi conseguenze può causare l'irregolarità documentale in caso di incendio: in primo luogo i vigili del fuoco si trovano a dover affrontare nell'emergenza una realtà non corrispondente a quella approvata, in secondo luogo, in caso di contenzioso con le compagnie di assicurazione per il risarcimento dei danni, l'irregolarità si ripercuoterà a svantaggio della proprietà.

Analisi ambientale

Oggetto dell'indagine è la verifica delle attuali o potenziali fonti di inquinamento o della presenza di materiali pericolosi nella struttura edilizia, come trasformatori, serbatoi sotterranei o altre attività che vadano ad impattare con acque o in atmosfera.

L'irregolarità documentale è la mancanza di autorizzazioni necessarie come lo scarico in fognatura delle acque reflue, per l'emissione dei gas di combustione della centrale termica e per lo stoccaggio di materiale pericoloso e/o inquinante.

Analisi dello stato manutentivo

Questo aspetto tratta lo stato di conservazione fisica dell'immobile, individuando i problemi che condizionano lo stato di uso, di conservazione e di salubrità dell'immobile, come:

- infiltrazione di umidità nelle fondamenta o nei muri

- infiltrazione di acqua in copertura

- percolazione di acqua in facciata

- carbonatazione

- distacco di intonaco di copri ferro nelle travi e nei pilastri

- fessurazioni per assestamento

- presenza di barriere architettoniche

La quantificazione dei costi collegata è costruita da computi metrici estimativi specifici.

RIEPILOGO DEL CAPITOLO 2:

- SEGRETO n. 1: È più facile preparare e prevenire che riparare e pentirsi.

- SEGRETO n. 2: Per poter pianificare al meglio è necessario potersi affidare sullo stato dei fatti reali. Nessuno costruirebbe, con un minimo di buon senso, un grattacielo su fondamenta instabili.

Capitolo 3:
Quali sono i campi d'applicazione

Definizione manutenzione ordinaria - straordinaria

Nella legislazione italiana la manutenzione ordinaria è definita come "il complesso di interventi che riguardano le opere di riparazione, rinnovamento e sostituzione delle finiture degli edifici, e quelli necessari ad integrare e mantenere in efficienza gli impianti tecnologici esistenti."

Si differenzia dalla manutenzione straordinaria, definita a sua volta come "il complesso delle opere e modifiche necessarie per rinnovare e sostituire parti strutturali degli edifici, nonché per realizzare ed integrare i servici igienico-sanitari e tecnologici, sempre che non alterino i volumi e le superfici delle singole unità immobiliari e non comportino modifiche delle destinazioni d'uso".

Multiservice

Il multiservice è una modalità di affidamento di più prestazioni manutentive e regolamentate con un contratto delimitato nel tempo (in genere un anno).

Alcuni vantaggi per l'amministratore:

- Unico appaltatore e quindi unico responsabile nei confronti del condominio
- Coordinamento dei lavori di diverse specializzazioni
- Possibilità di programmazione efficiente
- Semplice gestione del contratto
- Possibilità di miglioramento della gestione

Applicabile ad un solo condominio per volta.

Manutenzioni global service e facility management

- Il global service può essere definito come un contratto di affidamento delle attività di manutenzione o di conduzione di un condominio con garanzia di risultato.

- Il facility management può essere definito come la prestazione di una pluralità di servizi da parte di un unico assuntore, al quale affidare la completa gestione del patrimonio immobiliare (da personalizzare per ogni condominio) nonché il coordinamento e la gestione di eventuali terzi, e il miglioramento dei servizi.

In tal modo, il rischio è assunto totalmente dal prestatore di servizi ed al condominio nella persona del suo legale rappresentante (amministratore) non rimane che individuare le prestazioni necessarie ed esplicare la funzione di controllo.

Manutenzione non programmabile (guasto)
La norma uni 9910 definisce la manutenzione a guasto, nel seguente modo "manutenzione eseguita a seguito di rilevazione di un'avaria e volta a riportare un'entità nello stato in cui essa possa eseguire una funzione richiesta".

La manutenzione a guasto comporta la tenuta di un magazzino efficiente, nel quale siano contenute le parti di ricambio più necessarie. A seguito del guasto si attivano le squadre di intervento, alle quali sono addetti elementi di idonea capacità professionale, che possano intervenire con competenza.

Il criterio per la pianificazione degli interventi manutentivi a guasto, per loro natura non conoscibili e non programmabili, è quello di riferirsi all'evidenza storica accertata nel passato; dall'esame dei guasti già avvenuti è possibile ricavare, con criteri probabilistici, ipotesi di spesa, e quindi di budget.

Manutenzione di pronto intervento

Si definisce manutenzione di pronto intervento "la manutenzione, avente carattere di prontezza ma non di impellenza a seguito di una richiesta, una volta avvenuto il guasto".

Per l'effettuazione di un pronto intervento si rende attiva una squadra di addetti, contrattualmente disponibile. Tipicamente, la manutenzione di pronto intervento è caratterizzata da assenza di:
- Budget pianificato di spesa
- Programmazione della valutazione dei costi degli interventi

Di conseguenza, non potendosi incidere a priori sulle possibili spese, essa è caratterizzata anche da:

- Elevato costo dell'intervento manutentivo

- Significativo costo del mancato servizio dovuto al guasto o alla disfunzione

- Impossibilità di pianificare degli interventi

- Rischio di insufficienza di risorse nel caso del verificarsi accidentale di eventi contemporanei

Nel tipo di appalto di tipo Multiservice o Global Service, qualora si manifesti la necessità di un pronto intervento, l'impresa appaltatrice ha in genere l'obbligo di mettere a disposizione del condominio la propria capacità organizzativa ed operativa per risolvere i problemi intervenendo:

- Nel più breve tempo possibile

- Con l'obiettivo di raggiungere la massima qualità possibile delle riparazioni

Manutenzioni in emergenza

Si definisce manutenzione di emergenza la manutenzione effettuata a seguito di una segnalazione d'urgenza. Gli interventi devono, infatti, avere la precedenza rispetto agli altri: si tratta di eliminare emergenze quali allagamenti, incendi, scoppi, anche a seguito dell'intervento delle strutture pubbliche e dei vigili del fuoco.

Centro di coordinamento dei servizi di manutenzione

Il punto di raccolta delle informazioni riguardanti tutte le attività (gestione delle richieste, gestione degli incarichi alle squadre di addetti, gestione del magazzino, gestione dei mezzi d'opera, gestione delle informazioni interne al condominio è di norma costituito da un centro di coordinamento dei servizi di manutenzione.

Esso è dotato di attrezzature software di gestione e di collegamento on line tra condominio (amministratore) ed impresa. Il centro può essere attivato con sms o da Numero Verde telefonico, da posta elettronica, nonché da altri mezzi di collegamento informatici.

I principali compiti del centro possono essere così riassunti:
- La raccolta delle richieste di intervento, che vengono dai condòmini o su proposta dell'impresa

- La loro catalogazione ed attribuzione del numero di codice
- La ricerca e l'invio di una squadra operativa
- L'organizzazione globale degli interventi di manutenzione su richiesta non urgenti
- L'organizzazione degli interventi di manutenzione ed ispezione programmabili
- La preventivazione dei lavori da effettuare e la contabilizzazione di quelli ultimati
- La predisposizione e l'aggiornamento dell'archivio
- La stesura dei rapporti di ritorno verso i condòmini, prevista dai criteri di qualità
- La raccolta delle schede e dei tabulati per il controllo della qualità del servizio
- La verifica della sicurezza sul lavoro
- I rapporti con eventuali ditte terze
- Quant'altro necessario per lo svolgimento del servizio di gestione di manutenzione

Non è detto che tutte le richieste di lavoro debbano essere accolte, e tramutarsi in ordini di lavoro, anzi saranno valutate:

- Selezionando quelle effettivamente necessarie stabilendone la priorità
- Valutando quelle concretamente urgenti e rilevanti
- Confrontandole con i piani di manutenzione programmata già predisposti così da evitare ripetizioni di lavori in date vicine

L'emissione formale dell'ordine di lavoro è di competenza dell'amministratore il quale potrà gestire l'informazione anche da portale elettronico. Gli ordini di lavoro possono essere di diversi tipi:

- Chiusi se vengono emessi per modesti interventi che non abbiano carattere ripetitivo (soglia da concordare con amministratore).
- Occasionali se sono emessi per eseguire interventi sporadici di una certa entità – e può prevedere la valutazione di altri preventivi o la valutazione in contraddittorio di consuntivi.
- Aperti nel caso si preveda l'effettuazione di lavori a carattere ripetitivo.

- Aperti con specifiche di lavoro, per lavori per i quali è consigliabile individuare precise norme di intervento per la manodopera (comprendenti anche la sicurezza sul lavoro e del cantiere temporaneo o mobile).

Centro di coordinamento dei servizi amministrazione

Ad esso si possono rivolgere gli utenti per inoltrare le richieste di informazioni di carattere burocratico, legale, amministrativo che, se poi prevedono interventi gestionali e manutentivi, sono di seguito inviati al centro di coordinamento dei servizi di manutenzione.

I principali compiti del centro possono essere così riassunti:
- Gestire gli aspetti burocratici, legali, amministrativi ed assimilati, riguardanti il patrimonio del condominio
- Tenere l'archivio contabile/amministrativo
- Tenere l'archivio dei documenti

Manutenzione riparativa o correttiva

La manutenzione riparativa è generalmente intesa come "quella che viene effettuata una tantum a seguito dell'evidenziarsi di carenti condizioni generali di manutenzione del condomini, onde ripristinare la completa efficienza".

La manutenzione correttiva è generalmente intesa come "quella effettuata una tantum all'inizio dell'appalto (Multiservice o Global), al fine di rendere possibile il mantenimento dell'efficienza tecnica secondo i bisogni del condominio".

Fanno parte della manutenzione riparativa o correttiva tutti gli interventi manutentivi di carattere preliminare finalizzati a:
- Eliminazione delle anomalie edilizie/impiantistiche essenziali alla corretta funzione del condominio venutesi a creare per fattori non connessi con le prestazioni manutentive preesistenti al verbale di presa in consegna.
- Progettazione ed eventuale realizzazione di modesti interventi di restauro o ristrutturazione richiesti dal condominio per rendere impianti e immobile adeguati a nuove leggi e regolamenti il cui mancato rispetto sia emerso in sede di attività manutentive ordinarie.

Adeguamento leggi e regolamenti

È spesso necessario a seguito di emanazione di leggi e regolamenti, non prevedibili né esistenti al momento della presa in consegna, intervenire per la regolarizzazione degli stessi nelle tempistiche indicate dalle attività di supporto tecnico-giuridico in collaborazione con l'amministratore.

Manutenzione programmabile o proattiva

Il progressivo e costante aumento dei costi della manodopera rispetto a quella dei materiali ha recato alcune importanti conseguenze relativamente alla fase di un processo programmato di gestione e di manutenzione non più a seguito di guasto, ma prima che lo stesso si verificasse.

Si tratta di una manutenzione definita "proattiva", cioè precedente al verificarsi dell'evento che si vuole evitare. Si tratta di un diverso modo di pensare la manutenzione, che diventa funzione di un programma preordinato, valido per un periodo di tempo, stabilito dal condominio, che sviluppa metodologie tese al risparmio salvaguardando il livello di efficienza minima stabilito.

È la così detta manutenzione programmata, che ha lo scopo di intervenire il più efficacemente possibile allor quando si pensa che una rottura sia possibile o probabile, e che quindi ha lo scopo di prevenire guasti accidentali o maggiori danni a seguito del guasto. La norma uni 9910 definisce la manutenzione preventiva come quella "eseguita ad intervalli predeterminati o in accordo a criteri prescritti e volta a ridurre la probabilità di guasto o la degradazione del funzionamento di un'entità". Nella manutenzione preventiva non è necessario che ogni intervento sia programmabile, è invece necessario elaborare un programma di manutenzione che può essere predisposto secondo diversi principi e criteri.

Un programma di manutenzione può partire dalla definizione dell'età del componente o sistema, e dal periodo critico, entro il quale è staticamente presumibilmente che si verifichi l'evento di guasto. Si ritiene quindi opportuno intervenire a cadenze temporali prestabilite per ciascun intervento di carattere manutentivo, dopo un certo periodo temporale di funzionamento del componente, in tal modo si parla di manutenzione preventiva ad età costante.

La manutenzione preventiva ad età costante si applica, ottenendo il miglior risultato nei casi in cui sia possibile determinare, con sufficiente precisione, quale sia la "vita utile" del componente o del sistema preso in considerazione.

In tal caso, è possibile programmare l'intervento in prossimità della possibile rottura, con un occhio di riguardo all'economia generale del sistema (si unisce alla prerogativa della programmazione quella della limitazione dei servizi).

Manutenzione preventiva ciclica o a data costante
Per superare le difficoltà connesse alla scarsa affidabilità che gli interventi di guasto si verifichino effettivamente nei tempi ipotizzati, tipica degli immobili, si possono effettuare delle previsioni di intervento manutentivo mediante una vera e propria pianificazione, individuando i tempi di intervento necessari, le risorse impiegate ed i costi di budget, e verificando poi a consuntivo i comportamenti, in un successivo processo di miglioramento e di ottimizzazione.

Il programma di più facile attuazione è quello temporale a scadenze prefissate (non più immediatamente dipendente dall'evento probabile di guasto), nel quale cioè l'intervento di manutenzione viene effettuato ad una data fissa e costante, che può essere una o varie volte l'anno, o pluriennali.

Il criterio di intervento prende il nome di manutenzione preventiva ciclica o manutenzione preventiva a data costante, che è definita dalla norma uni 10147, come la "manutenzione preventiva periodica in base a cicli di utilizzo predeterminati".

I vantaggi generalmente ottenibili con tale tipologia manutentiva sono, principalmente:
- Riduzione della spesa totale di manutenzione e, quindi, del costo globale di un componente o di un sistema, nell'arco della sua vita utile;
- Efficace programmazione degli interventi;
- Uso più razionale ed efficiente delle risorse.

La manutenzione preventiva a data costante deriva, in definitiva, da un'analisi progettuale preventiva effettuata dal condominio per:

- Predisporre gli interventi, sulla base di modelli statistici e affidabili o degli effettivi comportamenti dei materiali e degli impianti così realizzati o progettati dai costruttori;
- Ridurre la probabilità che si verifichino disservizi, guasti o eccessivi degradi, e quindi una perdita di funzionalità del patrimonio immobiliare.

Manutenzione preventiva secondo condizione

La manutenzione preventiva secondo condizione rappresenta un ulteriore passo evolutivo nella ricerca di una strategia di intervento che sia la più idonea possibile ai diversi bisogni del condominio. Essa si basa sull'effettuazione di interventi programmati (è quindi anch'essa una manutenzione a carattere preventivo), realizzati però solamente a seguito di controlli periodici sui sistemi e sui loro componenti, secondo una frequenza variabile nel tempo.

Gli interventi diventano operativi, quindi, solamente se necessari. Con tale criterio di intervento, in sostanza, si programma la data del controllo anziché dell'intervento manutentivo, con ovvi vantaggi di uso di risorse e quindi di carattere economico (ovviamente il criterio è valido se il controllo costa meno dell'intervento e consente una messa a punto che comunque migliora l'efficienza e la qualità della manutenzione).

Manutenzione predittiva

La manutenzione predittiva si può considerare come facente parte della "famiglia" degli interventi manutentivi su condizione, della quale tuttavia si differisce in quanto opera, anziché su dati certi, su ipotesi di affidabilità, di tipo probabilistico. In sostanza, si effettuano delle ipotesi, generate dal calcolo di probabilità e dalle condizioni di funzionamento già note, secondo le quali si effettua un programma di interventi di manutenzione.

Il criterio di gestione è evidentemente soggetto al rischio di non verificarsi delle ipotesi effettuate. In tal senso, tuttavia, il calcolo delle probabilità viene incontro, in quanto si può preventivamente assegnare al sistema degli interventi un coefficiente di affidabilità più o meno elevato, così da lasciare dei margini alle attività manutentive con ampi coefficienti di sicurezza.

La norma uni 10147 definisce la manutenzione predittiva come quella "preventiva effettuata a seguito dell'individuazione e della misurazione di uno o più parametri e dell'estrapolazione secondo i modelli appropriati del tempo residuo prima del guasto".

Manutenzione di opportunità

La manutenzione di opportunità consente di ridurre i tempi della squadra operativa. Essa non rappresenta, quindi, un criterio di gestione, ma consente di effettuare alcune manutenzioni a carattere straordinario in quanto si sfrutta l'opportunità di eseguirle.

Un esempio tipico è quello delle tinteggiature dei prospetti esterni di un edificio multipiano; in tal caso, l'incidenza di costo del ponteggio in elevazione è così elevato che appare opportuno effettuare anche riparazioni di intonaci, cornicioni, pluviali, etc. Che si rendessero necessarie, così da ammortizzare i costi.

Manutenzione migliorativa o evolutiva

La manutenzione migliorativa è un criterio di manutenzione che modifica alcuni elementi o componenti edilizi al fine di migliorare le prestazioni immobiliari o, ciò che è lo stesso, ridurne l'obsolescenza. La norma uni 10147 definisce la manutenzione migliorativa come "l'insieme delle azioni di miglioramento o piccola modifica che non incrementano il valore patrimoniale dell'entità".

La finalità della manutenzione migliorativa può essere risparmiare dei costi energetici (adeguamenti a norma di legge, progresso tecnologico, etc.).

Manutenzione mista

La strategia, generalmente adottata nel campo manutentivo, è in genere rivolta ad un sistema integrato tra diversi criteri precedentemente esaminati, si tende, cioè, a non considerare un'unica tipologia più valida delle altre, ma a bilanciare correttamente tutta la gestione delle attività manutentive in funzione dei dati ottenuti e dei criteri di impostazione stabiliti dalla proprietà.

Si effettuano, per esempio, interventi programmati a data costante allorquando sarà ben noto, e con sufficiente approssimazione, il ciclo di vita dei componenti e del sistema. Qualora, invece, esso non sia accertabile con sicurezza, o non sia costante ma vari in funzione di elementi esterni, si procederà con criteri di manutenzione predittiva, che appaiono meglio rispondenti alle esigenze di riduzione della probabilità di guasto. Le procedure di riparazione correttiva saranno invece necessarie ogni qual volta la previsione di guasto sia di difficile interpretazione.

Una tipologia di interventi mista mantiene intatte tutte le caratteristiche di flessibilità che le consentono di far fronte ad economie di scala, potendosi impiegare le risorse in maniera continua, mantenendo una riserva che garantisca la sicurezza del risultato anche in caso di evento accidentali.

I principi teorici della manutenzione – Tecniche di gestione
Lo sviluppo delle tecniche di gestione e di manutenzione ha modificato nel tempo l'approccio all'obiettivo generale, che è quello della corretta gestione economica del patrimonio immobiliare, e della sua conservazione con mantenimento della piena efficienza e funzionalità.

La gestione economica è il mezzo, non il fine, per consentire di disporre delle risorse necessarie all'attività di conservazione. Il bilancio tra ricavi e spese deve quindi tenere conto dei costi di gestione, i quali a loro volta devono essere certi, con ridotti margini all'imprevedibilità.

RIEPILOGO DEL CAPITOLO 3:

- SEGRETO n. 1: Una corretta valutazione sul tipo di manutenzione del proprio bene comporta una buona resa dell'edificio/impianto.

- SEGRETO n. 2: Una valutazione corretta nell'individuazione del migliore fornitore specialistico è sicuramente un valore aggiunto nella gestione dell'edificio/impianto.

Capitolo 4:
Cosa puoi fare per cambiare

Al di là del "terremoto Covid" e dell'apatia del legislatore che ha sempre trascurato il condominio, numerosi sono gli elementi che stanno determinando il mutamento di contesto e, in conseguenza, della professione di amministratore di condominio. In particolare, la diversificazione delle esigenze dei condòmini e conseguente "personalizzazione" dei servizi erogati che differenziano i condomini ed il conseguente target degli amministratori, incrementando il livello di concorrenzialità tra gli studi più "evoluti".

La velocità con cui tutto sta avvenendo è significativa, tanto più se pensiamo a quello che è successo negli ultimi nove mesi. La rapidità di sviluppo delle tecnologie non pare peraltro supportata da altrettanta velocità di applicazione delle tecnologie e soprattutto dall'adeguamento degli studi amministrativi, della cultura organizzativa e della disciplina normativa (fa eccezione la teleassemblea che, però, francamente, sembra sia stata disciplinata frettolosamente e approssimativamente solo per favorire il 110%).

Il riadeguamento organizzativo degli studi e di mindset degli amministratori deve essere continuo: chi è capace di giocare attitudini e competenze fa mercato, gli altri rischiano di rimanere fuori. La tecnologia è solo un supporto per incidere più rapidamente e flessibilmente su processi, team, gestione a distanza e rapporti con i clienti e fornitori.

Questa rivoluzione digitale che stiamo attraversando sta producendo lo stesso effetto che la rivoluzione industriale ha avuto sulla manodopera operaia. Così come le macchine industriali modificarono radicalmente e sostituirono progressivamente il lavoro umano nelle attività produttive materiali, la digitalizzazione impone ai professionisti di rivoluzionare il lavoro intellettuale, come tradizionalmente inteso.

Tale cambiamento ha fortemente modificato il rapporto tra professionista e cliente, tra amministratore e condomino. Chiunque di noi, uscendo dallo studio medico dopo un'accurata visita da parte del professionista di fiducia, corre su internet a verificare quanto gli è stato diagnosticato.

Questo vale a maggior ragione in condominio. Oggi, complice Google, siamo diventati tutti tuttologi. Il cambiamento imposto dalla rivoluzione digitale sta materialmente modificando il lavoro dei professionisti intellettuali, costretti ad interfacciarsi continuamente con l'iperinformazione.

Il rischio è rimanere fuori dai giochi e vedere sminuita la propria autorevolezza. Fondamentale diventa acquisire le nuove competenze con la capacità di fare leva sulle peculiarità che possono fare la differenza: l'etica, la conoscenza applicata al nuovo contesto e la capacità di comunicare efficacemente. Siamo perfettamente consapevoli che la digitalizzazione è un processo inarrestabile, ma proprio per questo abbiamo il dovere di lavorare per gestirla al meglio. La domanda è: come?

Le libere professioni sono attività intellettuali indipendenti e altamente qualificate con ruoli speciali che afferiscono alla fiducia e alla responsabilità, alla sicurezza, alla tutela dei diritti, alla protezione dei clienti-consumatori-condòmini.

La situazione che stiamo vivendo ci impone di riappropriarci di quella capacità di saper cogliere le trasformazioni in atto nel mondo del lavoro, nell'economia e nella società, con una visione open mind. La sfida che andiamo ad affrontare incide profondamente, anche, sugli assetti organizzativi e gestionali di uno studio professionale.

Il cambiamento investe le procedure amministrative, coinvolge la territorializzazione dei servizi, trasforma la prestazione mono-professionale in un servizio multidisciplinare, riducendone le curve dei costi e rimodula la flessibilità dell'orario di lavoro anche attraverso lo smart-working.

In prospettiva, quindi, la produttività degli studi professionali sarà sempre più associata alla capacità di analizzare le mutate esigenze dei clienti, anticipandone addirittura i bisogni, e predisporre servizi professionali in tempi rapidi e in modo più efficiente.

La chiusura al pubblico non ha causato particolari problemi all'amministratore, che:

- è in grado di fornire risposte e soluzioni ai clienti, fornitori e dipendenti attraverso canali alternativi al contatto fisico, quali sito web, gestionale interventi, e-mail, reperibilità telefonica, numero verde emergenze, utilizzo applicazioni da smartphone; l'accesso diretto alle informazioni ai condòmini è un problema risolto a monte, poiché si neutralizzano i motivi di chiamata;

- ha diffuso una corretta cultura condominiale, eliminando il pericoloso luogo comune che l'amministratore è il custode (o peggio il portiere) del condominio;

- non riscuote le rate in studio (pessima abitudine) oppure (ancora peggio) fa il porta a porta a casa dei condòmini. Non chiediamoci poi perché nell'immaginario sociale non veniamo percepiti come professionisti;

- accetta riscossioni MAV o tramite bonifico bancario;

- utilizza la PEC per la ricezione di comunicazioni istituzionali.

La modalità smart-working non ha trovato impreparato l'amministratore, che:

- utilizza gestionale in cloud o è in grado di effettuare ogni movimento contabile e la conseguente chiusura dei bilanci da remoto;

- si interfaccia conseguentemente con la banca, importando flussi in entrata per le registrazioni automatiche dei versamenti, effettua bonifici e paga gli F24 in maniera massiva tramite il gestionale;

- fornisce con apposito pannello in cloud e/o app la gestione delle manutenzioni e degli interventi H24, 365 giorni all'anno (ovviamente in lockdown sono stati garantiti solo gli interventi urgenti) anche con ausilio di numero verde dedicato. Il pannello offre il vantaggio del controllo delle attività, tenendo traccia di tutte le chiamate per rendere effettiva e trasparente rendicontazione ai condòmini;

- utilizza gli strumenti del web, molti dei quali gratuiti, per tenere archivi digitali, disponibili sempre e dovunque, per potere lavorare in mobilità sempre (non solo in lockdown) offrendo risposte tempestive altrimenti immaginabili;

- firma digitalmente contratti e documenti;

- si interfaccia con le credenziali preferenziali SPID con la pubblica amministrazione per sfruttare canali come SISTER, ad esempio, per reperire o aggiornare i dati del registro anagrafe. Tutte le modalità operative appena elencate devono diventare il pane quotidiano dell'amministratore smart che si considera evoluto, e, se possibile, vuole anticipare i tempi.

Gli strumenti e le capacità organizzative però devono essere efficaci anche a distanza, e qui entrano in gioco le capacità comunicative e relazionali di un buon amministratore che deve poter guidare i propri collaboratori, gestire i fornitori e, al tempo stesso, mantenere aperto il canale della comunicazione con i propri clienti-condòmini.

Rapporto con i collaboratori
Il ruolo dell'amministratore, ovunque operi, deve rimanere indiscusso, devono cambiare invece l'approccio, gli strumenti ed i metodi di comunicazione in remoto.

La mancanza di interazioni fisiche e l'isolamento sociale, con annessa solitudine nel lavorare a casa, possono essere fattori critici con i collaboratori (in quarantena ad esempio), quindi occorre:

- mantenere il contatto con riunioni periodiche in videoconferenza, fare il punto ogni giorno ad inizio ed a fine giornata (check-in e check-out), tenere alto il morale e diffondere uno spirito positivo, infondere fiducia e rafforzare il senso di appartenenza al team;

- preparare mansionari scritti e protocolli operativi, definire le priorità settimanali e definire i tempi di raggiungimento degli obiettivi;

- misurare i risultati e la produttività.

Rapporti con i fornitori:
- dare la disponibilità in determinati momenti ed orari;
- pagare le fatture regolarmente;
- gestirli attraverso applicazioni o pannelli commesse;
- fare il punto delle manutenzioni urgenti in atto, di quelle che sono state sospese e prepararli ad un rientro stabilendo con loro un cronoprogramma.

Rapporti con i condòmini:

- mantenere aperto il canale della comunicazione su argomenti anche non legati alla situazione di emergenza;

- fare video-call con i consiglieri e fare il punto della situazione, facendo sentire che, seppur a distanza, la gestione è salda e tutto è sotto controllo;

- inviare delle newsletter periodiche diffondendo le comunicazioni;

- preparare i condòmini, con adeguate informative, alle video assemblee;

- predisporre adeguate bacheche condominiali (possibile a titolo anche gratuito) per utili informazioni di servizio, specie per le persone anziane, riguardanti sia il condominio che anche servizi utili di quartiere (ad esempio, orari apertura farmacie, oppure elenco attività di delivery etc.);

- chiudere i bilanci tempestivamente.

E quando terminerà l'emergenza Covid, possiamo realisticamente pensare che tutto ritornerà come prima? No, nemmeno a distanza di mesi.

Nel frattempo, avremo modificato le nostre abitudini, quindi più ci abituiamo adesso all'idea di dover necessariamente cambiare approccio lavorativo e più saremo performanti. È probabile che lo smart-working possa essere preso in considerazione anche finita l'emergenza, magari per alcuni giorni la settimana. Ritengo non sia una cattiva idea favorirlo, purché il rendimento dello studio rimanga inalterato, così come la qualità del lavoro, che occorre ovviamente preservare.

A queste condizioni una certa flessibilità non può certo considerarsi negativa, anzi, potrebbe favorire l'organizzazione delle giornate, specie delle donne, che potrebbero conciliare meglio casa e lavoro, evitando spostamenti, perdite di tempo e spese di carburante per la tratta casa-lavoro, solo per fare un esempio.

Lato Amministratori

Ottimizzazione dei servizi per ottenere un maggior potere d'acquisto, cercando fornitori anche nel proprio quartiere o all'interno dei propri condomini. Censimento documentale immobile da completare o integrare per ottenere un quadro completo e da rendere visibile a tutti i condòmini.

Utilizzare un gestionale, che oltre alla parte amministrativa, possa far condividere problematiche ed eventuali proposte senza dover necessariamente convocare assemblee con spese e perdite di tempo da parte di tutti, o semplicemente uno strumento che possa far proporre iniziative personali dei condomini da condividere e che sia soprattutto uno strumento trasparente a disposizione di tutti.

Ecosostenibilità, impatto zero, benessere personale e intelligenza nella gestione del condominio sono altrettanti presupposti che attualmente consentono di migliorare gli standard abitativi dei condomini. Grazie all'ausilio delle più innovative tecnologie è attualmente possibile valorizzare qualsiasi stabile, contribuendo ad aumentarne il valore di mercato.

Oltre a costituire un valore aggiunto in termini economici, un condominio smart offre anche l'opportunità di vivere meglio, differenziando il proprio immobile sia per comfort sia per prestazioni funzionali. In una struttura globale come il condominio è chiaro che l'introduzione di sistemi tecnologicamente innovativi offra vantaggi condivisi da tutti i proprietari immobiliari.

A veicolare qualsiasi cambiamento del contesto abitativo nel condominio deve essere l'amministratore che è chiamato anche a sensibilizzare i proprietari rispetto alle tematiche di maggiore vivibilità e fruibilità di sistemi smart ed ecosostenibili.

Le opere per il risparmio energetico e per l'utilizzazione di fonti di energia rinnovabile rappresentano tematiche di estremo interesse per tutti gli immobili. A questo proposito, sono sempre più numerosi i condomini che installano pannelli fotovoltaici a energia solare, il cui impiego consente un effettivo risparmio di energia elettrica, che viene sostituita da quella radiante del sole.

I pannelli di monitoraggio dei consumi, le bacheche elettroniche installate nei vani del condominio, il wifi condominiale con sgravio sulle spese per le utenze e il contenimento dell'inquinamento elettromagnetico, rappresentano altrettante proposte che un amministratore è in grado di proporre in sede di assemblea per avere l'autorizzazione alla loro gestione condivisa. Sempre nell'ottica smart, sono previste anche stazioni di ricarica per auto elettriche o ibride, da montare in zone di parcheggio condominiale.

Un amministratore attento e sempre aggiornato può, inoltre, proporre alcuni interventi di manutenzione straordinaria, come il montaggio del cappotto termico-isolante e la sostituzione di infissi obsoleti con altri termoisolanti, che possono garantire un risparmio di fornitura energetica. Tra i vari compiti di questo professionista c'è quello relativo all'abbattimento totale o parziale delle principali voci di spesa per la gestione della manutenzione del condominio.

Un amministratore competente ed esperto si mantiene costantemente aggiornato su tutte le innovazioni tecnologiche applicabili ai condomini, per ottimizzare le condizioni di vita dei proprietari immobiliari, assicurando anche un notevole risparmio in termini economici. Proiettare la gestione di un immobile verso il futuro permette di rispettare l'ecosistema cominciando dal proprio condominio.

Lato Condòmino

Le riunioni condominiali si sviluppano sempre in un'ottica annuale con una gestione per lo più amministrativa che tecnica, mentre sarebbe opportuno una pianificazione triennale o quinquennale in modo di permettere di ottimizzare le risorse a disposizione. Il condominio sta diventando luogo di conflitto tra i condòmini e ne è la dimostrazione l'aumento dei contenziosi sorti a causa dei pessimi rapporti che intercorrono tra gli inquilini dello stesso stabile.

Il condominio è una comunità, autonoma e autogestita, in cui ognuno deve portare le proprie esperienze e competenze per arrivare all'obiettivo comune, basato sulla condivisione e sulla collaborazione, consentendo una crescita collettiva.

Ritengo che il primo passo sia quello di mettere in atto accoglienza, accettazione, ascolto attivo e non giudizio, perseguendo una visione rispettosa del benessere dell'uomo e dell'ambiente che ci circonda.

Vogliamo essere un esempio per creare una nuova cultura e un nuovo sistema sociale in cui le diversità siano apprezzate come valori imprescindibili, così che le specificità di ognuno diventino potenzialità al servizio di tutti.

Ciò che da soli sembra impossibile diventa fattibile quando non ci sente più entità distinte, ma un gruppo di persone che collabora ad un fine comune.

Tutti insieme

Oggi la figura dell'Amministratore è più complessa di un tempo, per cui la sua preparazione deve comprendere vari settori, dalla casa, al condominio, alla città che ci circonda, al risparmio energetico, con tutte le leggi e le nuove normative, che regolano il contesto in cui si colloca il condominio.

Inoltre, diventa sempre più importante per una buona gestione dell'attività anche il supporto dei principali interlocutori all'interno e all'esterno dei condomini. Bisogna pertanto sviluppare una cultura sociale del condominio, e combattere la conflittualità che spesso caratterizza la vita condominiale.

La cultura del vivere insieme deve maturare e per questo è necessario sensibilizzare sia l'Amministratore che i condòmini su tutti gli aspetti relativi all'abitare e soprattutto relativi alla sicurezza, tema oggi di grande importanza, che va dalla sicurezza dell'impiantistica, a una nuova cultura per l'abbattimento delle barriere architettoniche, al problema dell'inquinamento elettromagnetico e acustico.

L'amministratore diventa, anche, un interlocutore privilegiato per i vari aspetti del vivere in condominio fra i quali la gestione per l'effettivo contenimento energetico negli edifici, in quanto è il soggetto che, mediante le operazioni preparatorie (informazione) ed esecutive (proposte di delibere assembleari), indispensabili per la realizzazione degli obiettivi comunitari, rappresenta il naturale intermediario di tale politica, evitando responsabilità che possono incidere sulla stessa commerciabilità delle unità immobiliari gestite.

RIEPILOGO DEL CAPITOLO 4:

- SEGRETO n. 1: Se sei il nuovo arrivato presentati ai tuoi vicini, scambia con loro qualche parola, mostrati disponibile e porta un dono: una torta, una bottiglia di vino.

- SEGRETO n. 2: Vivi da anni nel condominio? Il discorso non cambia: mostrati disponibile e quando serve una mano non tirarti indietro. Le persone si fidano di chi mostra apertura e solidarietà.

Conclusione

La scienza psicologica e i motivatori dell'epoca contemporanea ci invitano a far sì che da ogni difficoltà nasca un'opportunità. Nel diritto condominiale, il momento attuale sicuramente ha cambiato il modo di vivere, di comportarsi gli uni verso gli altri, un animus che viaggia tra rispetto e diffidenza, divisi da un sottile spartiacque non facile di rinvenire.

Questo, però, potrebbe costituire davvero l'inizio di un "codice di comportamento" virtuoso che andrebbe a migliorare il vivere nel condominio e il maggior rispetto dell'uso del bene comune. Da ciò si potrebbe prendere spunto per future regole che scritte in modo semplice e chiaro e soprattutto semplici e chiare nella loro osservanza, aiuterebbero il perseguimento di questo bel tenore di vita endo-condominiale.

Nei capitoli soprastanti abbiamo capito come programmare, come gestire e come recuperare le informazioni necessarie per ottimizzare al meglio il nostro bene più prezioso: la casa.

La nostra casa è famiglia, amore, sicurezza e protezione. È l'unico posto in cui vorremmo essere quando siamo stanchi, quando abbiamo bisogno di ritrovarci, quando necessitiamo del calore dei nostri affetti.

Il mio impegno, grazie alla collaborazione di diversi attori, è quello di accrescere ed aggiornare la preparazione attraverso una continua attività di formazione, tutto ciò nell'ottica di un miglioramento costante del servizio reso al cliente.

Se ti è piaciuto questo libro e hai piacere di entrare in contatto con me, puoi trovarmi qui:

www.rmfsrl.com
giampiero.serra@rmfsrl.com
facebook – rmf.com
instagram – rmf.com

Cell. +39 3358786777

Dicono di noi

Intervento dell'Amministratore Condominiale

Rag. Giuseppe Lassola

Ho Letto con piacere il libro di Giampiero e mi sono confrontato con l'autore sia sulla stesura che sugli argomenti e sull'utilità a cui è rivolto. Lo trovo ben fatto e utile nell'ambiente condominiale. Lo consiglierei sia a chi inizia la professione, sia a chi pensa di farlo e necessita di spunti operativi. Lo consiglio anche ai condòmini spesso più interessati alla conflittualità che alla soluzione dei problemi di interesse comune.

La proposta di una programmazione pluriennale non è quasi mai presa in considerazione dall'amministratore in carica per vincoli di mandato annuale, e dai condòmini, per non mettere risorse nelle parti comuni condominiali. L'organizzazione condominiale con l'inserimento di ditte esperte e con servizi a 360 gradi permette un sicuro risparmio di tempo e denaro per tutti gli interessati nel complesso condominiale.

Bravo Giampiero, spero che il libro sia l'inizio di una serie di schede e aggiornamenti selezionati sulla soluzione dei singoli argomenti e problemi che affliggono i condomini.

Intervento del Prof. Andrea Ciaramella
Real Estate Center, Dipartimento ABC, Politecnico di Milano
Il facility management è un sistema di conoscenze, metodiche, strumenti, che consentono la gestione ottimale di tutti i servizi per edifici/patrimoni immobiliari, in stretto rapporto alle esigenze dell'utente.

Per questo si è sviluppato nel mondo delle imprese, in modo particolare le grandi multinazionali: in questo contesto, il governo e coordinamento di attività complesse hanno la stessa importanza della fase esecutiva.

Ma il patrimonio immobiliare del nostro paese è rappresentato da una forte componente residenziale, quindi condomìni. È possibile trasferire l'approccio del facility management al mondo condominiale?

La sfida proposta da Giampiero Serra nel suo lavoro è questa: portare la cultura della programmazione, della manutenzione, della gestione della complessità, nel mondo del condominio. Come ogni sfida, che si propone di contribuire alla crescita della cultura, merita plauso e supporto. Gli auguro di trovare interlocutori che sappiano apprezzare questo sforzo.

Intervento del Condomino - Arch. Marco Rigoselli
La lettura del libro è stata una piacevole sorpresa positiva. Finalmente anche tutta la "materia condominiale" entra nel nuovo millennio. Mi spiego meglio: il condominio è sempre stato un argomento molto statico ed ancorato a vecchie regole del passato, non molto incline ad innovazioni tecniche e culturali.

Gli strumenti ben analizzati permetteranno ai fruitori di affrontare il condominio con un occhio diverso. Ritengo che come nel mondo moderno la programmazione è fondamentale per ottimizzare costi e risultati, anche nel Condominio una corretta, oculata e professionale programmazione della manutenzione dello stabile ritengo sia il compito primo dell'Amministratore e dei Sigg. Condòmini.

L'Assemblea di condominio non deve essere più solamente uno strumento per la mera approvazione del bilancio e la risoluzione delle liti tra vicini, ma deve guardare al futuro. Ritengo, infatti, che una corretta e manageriale pianificazione della gestione dei servizi comuni, quali per esempio riscaldamento, illuminazione, pulizie, etc., ed una accurata pianificazione delle manutenzioni ordinarie e straordinarie mantengano alto il valore economico dello stabile intero e di conseguenza della singola proprietà, nonché consentano un notevole risparmio economico a tutto vantaggio dei singoli Sigg. Condòmini.

Una vecchia pubblicità di un dentifricio diceva che "prevenire è meglio che curare" e io ritengo che mai tale affermazione sia stata più appropriata nell'ambito condominiale e che l'Autore abbia analizzato appieno le varie sfaccettature della "prevenzione" condominiale.

Attività proposte

- Due Diligence

- Global Service

- Pulizie

- Giardinaggio

- Servizi per l'ambiente

- Edilizia

- Tinteggiature

- Impianti idraulici, termici, centralizzati, solare-termico

- Impianti elettrici, allarme, antintrusione, video sorveglianza, fotovoltaico

- Impianti di sollevamento, ascensori e tecnologici

- Verifiche ispettive in campo

- Verifica documentale impianti

- Censimento e mappatura spazi ed impianti

Servizi offerti/consulenze

- Studio e progettazione di capitolati e contratti di Facility Management
- Gestione gare di Global Service
- Start-up di Global service
- Analisi Fornitori
- Creazione albo fornitori condiviso con i condòmini

Libri usati

- La gestione integrata dei patrimoni immobiliari di Claudio Solustri
- Gruppo editoriale sistemi editoriali – Esselibri-Simone
- La gestione di edifici e di patrimoni immobiliari di Olivero Ronconi, Andrea Ciaramella, Barbara Pisani
- Gruppo editoriale Il sole 24 Ore